VINDOBONA
VERLAG SEIT 1946

ROLAND WINTER

# Gedanken für unterwegs

APHORISMEN

VINDOBONA
VERLAG SEIT 1946

Bibliografische Information
der Deutschen Nationalbibliothek:

Die Deutsche Nationalbibliothek
verzeichnet diese Publikation in
der Deutschen Nationalbibliografie.
Detaillierte bibliografische Daten
sind im Internet über
http://www.d-nb.de abrufbar.



**www.vindobonaverlag.com**



ISBN 978-3-903574-74-8
Lektorat: Mag. Elisabeth Biricz
Umschlagfoto:
Gabdulvachit Konurov | Dreamstime.com
Umschlaggestaltung, Layout & Satz:
Vindobona Verlag
Autorenfoto: Roland Winter

Gedruckt in der Europäischen Union
auf umweltfreundlichem, chlor- und
säurefrei gebleichtem Papier.

Immer an der Spitze bleiben, erfordert, sich nicht auf Lorbeeren auszuruhen.

*12.02.2016*

Wir leben auch mit mehreren Kartuschen unterschiedlicher Hersteller – wenn es nur solche für den jeweiligen Anwendungsfall gibt.

*12.02.2016*

Die interessanteste Forderung ist die Herausforderung.

*12.02.2016*

Die Wahrheit ist nur eine Beleidigung, wenn sie unwahr ist.

*22.03.2013*

Es genügt im Leben nicht, nur aufzutreten, sondern auch Spuren zu hinterlassen.

*14.12.2014*

Mache die Arbeit zur Freude Deines Lebens!
Nur so vergeudest du nichts Kostbares!
Nämlich deine Lebenszeit!

*Oktober 2020*

Jede Zeit hat ihre Aufgaben. Jede Aufgabe ihre Zeit.

*14.04.2023*

In mancher Situation bleibt nicht einmal die Zeit, die Hoffnung zu verlieren.

*10.10.2022*

Wir könnten es nicht, wenn ihr es nicht wolltet!

*15.05.2014*

Der Sieg tröstet über die Anstrengung.

*24.07.2014*

Keine Freude kann so groß sein wie ein schmerzlicher Verlust.

*29.06.2014*

Etwas Gutes zu tun, schließt auch die Bereitschaft ein, mehr aufzuwenden, als vermeintlich notwendig und aus wirtschaftlicher Sicht angemessen ist.

*ohne Datum*

Eine Lösung finden ist sicher nützlicher, als den Schuldigen zu suchen.

*11.03.2019*

Auch Träume können einen übermannen.

*13.02.2015*

Wenn du etwas verlierst, was du wirklich liebst, verlierst du auch ein Stück deiner selbst.

*29.06.2014*

Manchmal bekommt man mehr, als man erwartet.

*04.08.2014*

Wer am Ende seiner Aufgabe schwach wird, ist von Natur aus schwach.

*14.10.2013*

Entweder wir siegen oder die anderen gehen unter.

*05.02.2014*

Der gebliebene Ostdeutsche nimmt keine Sonderrechte für sich in Anspruch.

*02.06.2014*

Auch der Stärkste verliert seine Stärke, wenn er keine Hoffnung mehr hat.

*02.04.2021*

Wir sind nur so gut, weil wir tatsächlich so gut sind.

*06.02.2014*

Es ist unmöglich, die Vollkommenheit mit Unvollkommenem herzustellen.

*26.08.2020*

Aus der Umarmung (1989 von Ost nach West) ist eine Umklammerung geworden.

*23.07.2023*

Mit dem Älter-Werden kann man nicht innehalten, mit der Arbeit schon.

*11.05.2012*

Früher beschrieben wir die Zettel, um uns etwas zu merken – jetzt, um es nicht zu vergessen.

*ohne Datum*

Sie sollten die Flügel Ihrer Mitarbeiter nicht so weit beschneiden, dass sie gar nicht mehr fliegen können.

*29.04.2016*

Die materielle Armut existiert immer als Verhältnis zum Reichtum.
Die materielle Armut an sich gibt es nicht – die geistige durchaus schon.

*ohne Datum*

Auch einige Wolken verändern den Himmel nicht.

*14.02.2014*

Wenn du ein bisschen einfach bist, hast du mehr Kosten.

*29.09.2013*

Manchmal kann Freundschaft nicht schaden, nutzt aber auch nicht.

*01.10.2013*

Aus dem Himmel gibt es keinen zweiten baulichen Rettungsweg, auch den ersten muss jeder selbst finden.

*18.09.2013*

Einen beträchtlichen Teil unseres Glücks halten wir in eigenen Händen.

*10.05.2015*

Was nützt alles Wissen, wenn du es nicht kannst.

*12.05.2014*

Einem Menschen zu begegnen, ist immer ein Ereignis; einer Persönlichkeit immer ein Gewinn.

*Ohne Datum*

Die größte Gefahr für den Menschen geht von seiner eigenen Gattung aus.

*30.01.2013*

Auf Dinge, die von uns abhängen, sollten wir nicht hoffen, sondern handeln.
Auf alle anderen bleiben uns nur der Glaube und die Hoffnung.

*01.01.2021*

Der gute Mensch zeichnet sich auch durch ein schlechtes Gewissen aus.

*28.09.2020*

Jeder sollte darauf achten, dass seine Schwächen nicht Element seines Handelns werden.

*19.09.2019*

In jeder absoluten Ehrlichkeit liegt etwas Dummheit.

*18.08.2016*

Eine Freundschaft zwischen Aufrechten ist wertvoller als eine Liebe von Wankelmütigen.

*25.07.2016*

Die Gabe, sich die Unbestechlichkeit zu erhalten, ist eine äußerst beruhigende Angelegenheit.

*28.12.2014*

Dem Tüchtigen und Klugen ist eine Dummheit leichter zu verzeihen, als die eines Faulen und Dummen.

*28.12.2014*

Wissen ist unter den Menschen ungleich verteilt und unterschiedlich erworben.
Wenn die Anwendung und Umsetzung jedoch am Mut oder den Verhältnissen scheitert, ist alles ohne Nutzen.

*02.12.2014*

Einzelne Menschen haben eine Art des Umgangs, die unvermeidlich zur Zuneigung führt.

*29.11.2014*

Die vermeintlich Wichtigen und tatsächlich Unwissenden sind die Anstrengendsten.

*03.12.2014*

Heute sind fünf Monate nach dem Tod eines geliebten Menschen vergangen. Schon zeigt sich, dass es für wirklich Wertvolles kein Vergessen gibt.

*29.11.2014*

Eine unangenehme Wahrheit ist meist besser als eine Ungewissheit.

*02.12.2014*

Das, was du wirklich bist, bist du nur in den Augen der anderen.

*14.11.2014*

Die meisten hoffen, dass sich das wirklich Wahre und Notwendige am Ende doch durchsetzt.

*29.06.2014*

Auch Traurigkeit hat etwas Schöpferisches.

*29.11.2014*

Wenn Sie es eilig haben, bewahren Sie die Ruhe!

*02.06.2014*

Politik ist (in ihrer Verallgemeinerung der Sachverhalte) immer unmoralisch.

*06.10.2014*

Unsere Träume sind manchmal auch ein Teil der unerfüllten Sehnsüchte.

*25.02.2014*

Eine ganz große Liebe währt ewig, selbst wenn sie zerbricht.

*01.05.2014*

Wenn ein Mensch in Zwänge kommt, verliert er oft seinen Stolz.

*26.05.2015*

Die Gleichgültigkeit und die Interessen- und Verantwortungslosigkeit sind nur die unverzeihlichsten Eigenschaften.

*28.12.2014*

In jedem Vorteil einer Erfindung steckt auch ein Fluch.

*12.09.2015*

Habe die Gabe zur Unbestechlichkeit! So sehr auch das Glück für dich Partei ergreifen mag, dein Sein gilt, nicht dein Schein.

*ohne Datum*

Nur wer Ziele hat, erreicht sie.

*12.11.2015*

„Wollen“ ist die Faulheitsform von „Machen“.

*13.11.2015*

Mit den Gesprächspartnern eigenes Theater spielen.

*13.03.2014*

Der Durchschnitt ist immer auch ein Fehler.

*2013*

Verausgabe oder verschenke dich nicht so weit, dass du selbst entbehrlich wirst!

*29.10.2015*

Siegen kann nur der, der in den Kampf zieht – Siege ohne Kampf sind nur Erfolge.

*30.10.2015*

Wir müssen lernen, aus dem Unvermögen der Beteiligten, wie unser selbst, das Beste zu machen.

*19.10.2020*

Prinzipienfest bleiben ist immer anstrengend.

*14.01.2014*

Vergiss über die Anstrengungen des Lebens nicht die Liebe!

*28.02.2014*

Der Zustand, die Wahrheit sagen zu können, ist erhebend.

*19.02.2014*

Wir sind am Erfolg orientiert, nicht an den Maßnahmen dazu – hier ist bescheidene Zurückhaltung nützlich.

*14.02.2014*

Der Weg ist das Ziel und trotzdem bleibt alles anders.

*18.02.2014*

Auf Dauer kann sich der Erfolg dem Tüchtigen nicht verwehren.

*17.02.2014*

Freue dich am Montag nicht auf das Wochenende, denn bis dahin vergeht erneut etwas deiner kostbaren Lebenszeit.

*16.09.2020*

Wir sollten auch dankbar sein für das, was wir haben, und nicht undankbar für das, was wir vermeintlich vermissen.

*20.04.2018*

Es ist nicht wichtig, mit wem du losgehst, sondern mit wem du ankommst.

*21.09.2013*

In der Blödheit des Menschen steht sowohl eine Erleichterung für den Betreffenden als auch für die Betroffenen.

*16.04.2014*

Da es mit dem Kommunismus nicht geklappt hat, bleibt uns nur der Himmel.

*22.08.2020*

Bei manchen Frauen ist eine Verwechslung ausgeschlossen. Warum? Weil eine ebenso schlimm ist wie die andere.

*14.02.2014*

Scheue keine Anstrengung des Weges, um des Zieles Willen.

*18.02.2012*

Gemeinsam blöd sein, macht auch nicht klüger.

*01.04.2015*

Wenn du nichts sagst, obwohl du es weißt, bist du nichts.
Wenn du nicht gefragt wirst, weil du es nicht weißt, bist du nichts.

*27.03.2015*

Für Wahrheiten muss man sich weder entschuldigen, noch muss man sie rechtfertigen.

*27.03.2015*

Wir müssen nicht alles verstehen, was wir wissen.

*01.04.2015*

Es gibt nur eine Moral und nur einen Maßstab dafür. Auch für Sieger und Besiegte, auch für Angreifer und Angegriffene.

*14.02.2015*

Hilfsbereitschaft ist noch keine Hilfe.

*11.08.2014*

Die Ungerechtigkeit beginnt mit der Gleichbehandlung.

*11.07.2013*

Auch die allerintensivste Sache bist du nicht persönlich.

*29.10.2013*

Aus zwei halben Sachen kannst du keine Ganze machen.

*29.10.2013*

Zwei Schnäpse sind schon immer besser als zwei Niederlagen.

*29.10.2013*

Das Verhältnis eines Menschen zur Zeit ist relativ – die Vergänglichkeit jedoch absolut.

*21.10.2013*

Oft lernt man das Alte erst schätzen, wenn das Neue bekannt wird.

*21.09.2015*

Erfolg ist immer auch Freude für den nutznießenden „anderen".

*18.02.2014*

Hast du einen Menschen gern,
so musst du ihn versteh'n.
Musst nicht immer hier und da seine Fehler seh'n.
Schone ihn mit Liebe und Verzeih,
denn am Ende bist du selbst nicht fehlerfrei.

*ohne Datum*

Erfreue dich an dem, wer du bist und was du vollbracht hast, bedenke, was du hättest sein können und was dir alles unmöglich zu vollbringen sein könnte!

*01.09.2014*

Manche Ereignisse sind mehr als ein Zufall.

*23.02.2024*

Wir werden älter, aber wir sind nicht alt.

*01.07.2016*

Unbedarfte sind leichter zu führen.

*08.04.2016*

Das wahre Glück ist nicht in den Schlössern, sondern in den einfachen Hütten.

*18.10.2015*

Nur wer sich bewegt, kommt vorwärts.

*28.08.2015*

Im Leben zählt nicht nur der Erfolg.

*28.08.2015*

Arbeiten kannst du, solange es geht; lieben, solange du denken kannst.

*28.08.2015*

Die Zeit heilt keine Wunden, sie reduziert nur die Erinnerung.

*28.08.2015*

Manchmal ist es Glück, etwas zu verlieren.

*18.09.2013*

Keiner sollte denken, dass zwei halbe Sachen eine ganze ergeben.

*10.08.2015*

Idiotische Vorschläge – idiotische Ergebnisse.

*16.10.215*

Veranlagung und Ausbildung zur Führung ist nicht das Führen selbst.

*16.10.2015*

Manchmal kann Freundschaft nicht schaden, oft belastet sie aber auch.

*24.10.2015*

Die Ruhe und Gelassenheit liegen in der Änderung.

*22.10.2013*

Du musst manchmal unehrlich sein, um ehrbar zu bleiben.

*22.10.2013*

Wer am Ende einer Aufgabe schwach wird, ist von Natur aus schwach.

*03.10.2013*

Manchmal musst du das ganze Unglück erfahren, um zu wissen, wie glücklich du sein kannst.

*23.10.2013*

Die Anwesenheit eines Menschen im Leben allein mag ein Wunder sein, ausreichend ist sie nicht.

*29.08.2017*

Auch wenn die Hoffnung stirbt, die Erinnerung bleibt.

*04.06.2015*

Die Welt wird nicht durch unseren Intellekt, sondern nur durch unseren Mut zum Handeln verändert.

*19.05.2015*

Einige Veränderungen in und an uns stellen sich auch ohne unsere Mitwirkung ein.

*11.05.2015*

Für die Anforderung des Lebens gibt es keine Regeln, nur unseren Willen und Mut zur Tat.

*03.05.2015*

Von den Unzuverlässigen haben wir schon genügend.

*26.04.2015*

Zwischen den Menschen gibt es Dinge, die weder bezahlt, noch in Geld ausgedrückt werden können.

*26.04.2015*

Jeder hat das Recht auf Enttäuschung.

*25.04.2015*

Die schlimmste Form der Mutlosigkeit ist die Lethargie.

*09.04.2015*

Wenn du ein Ziel erreichen willst, brauchst du immer den Mut für den ersten Schritt.

*09.04.2015*

Jeder Weg zum Ziel beginnt mit dem ersten Schritt.

*09.04.2015*

Einen Felsen in der Brandung stört die Farbe des Meeres nicht.

*11.04.2015*

Ein Beispiel schaffst du nur, wenn du nicht so bist, sondern anders.

*13.04.2015*

Du musst auch Antworten geben, wenn du nicht gefragt bist.

*15.04.2015*

Wir sind verpflichtet, an unserer Hoffnung mitzuarbeiten.

*17.04.2015*

Wer etwas genießen will, muss es auch aushalten.

*ohne Datum*

Für manche Dinge finden sich keine Worte. Deshalb sollten wir auch nicht danach suchen.

*04.10.2013*

Es gibt Dinge im Leben, von denen träumst du bis zu deinem Ende.

*04.02.2014*

Für Freundschaft gibt es keine Verjährung.

*19.01.2014*

In jeder Niederlage steckt eine neue Herausforderung.

*27.10.2013*

Trotz aller Anstrengungen – alles kann nicht immer gelingen.

*27.10.2013*

Nur die ganz großen Dinge sind von Dauer der Ewigkeit.

*28.09.2013*

Auch eine Niederlage ist kein ausreichender Grund, schweigsam zu werden.

*04.08.2013*

Ohne Anerkennung kann auch der Bescheidenste nicht glücklich leben.

*27.09.2013*

Glück ist gar nicht endlich, wie der Einzelne anzunehmen glaubt.

*27.09.2013*

Es findet sich für alles eine Begründung, aber nicht für alles ist sie zu rechtfertigen.

*27.10.2013*

Selbstständig arbeiten ist mit einem christlichen Anliegen durchaus vereinbar.

*16.08.2013*

Es erhöht den Unsinn nicht, wenn zu dem vorhandenen ein weiterer hinzugefügt wird.

*04.02.2014*

Im Gespräch mit einer Frau ist es oft nicht von Vorteil zu wissen, was sie meint.

*06.02.2014*

Es gibt auch verschiedene Formen der Nachhaltigkeit – ich liebe sie alle.

*06.02.2014*

Einen großen Stein auf dem Weg zu einem wichtigen Ziel sollte man besser umgehen, als seinetwegen zu stolpern oder umzukehren.

*09.01.2015*

Verlieren können nur die, die etwas haben.

*30.06.2012*

Alles entfaltet sich nur in der Wärme.

*30.06.2012*

Zweifle nicht an einem Augenblick, gestalte alle übrigen!

*13.10.2022*

Was willst du in Hollywood, wenn du in Kreuzberg gebraucht wirst.

*18.08.2013*

Wenn du alles im Leben auskosten willst, neigst du an Geschmacksverirrung.

*18.08.2013*

Einfach nur träumen ist besser, als einfach nur Unnötiges zu erledigen.

*18.08.2013*

Gerade an der interessantesten Stelle einer Frau fangen auf Dauer die Probleme an.

*18.08.2013*

Die Fähigen unter uns haben zwei Alternativen: „Nach oben ohne Pardon“ oder „lebenslange Knechtschaft für die weniger Auserwählten“.

*18.08.2013*

Wenn du in deinem Job den eigenen Bleistift nicht mehr festhalten kannst, hast du drei Möglichkeiten: Repräsentation, Ruhestand oder Rückbesinnung.

*18.08.2013*

Suche im Leben nicht nach den Möglichkeiten, wenn das Notwendige noch zu erledigen ist!

*18.08.2013*

Selbst wenn wir das böse Ende kennen, fangen wir wegen des schönen Anfangs an.

*18.08.2013*

Lass dich nicht verführen – verführe!

*18.08.2013*

Warum willst du auf halbem Weg innehalten, wenn er steinig, aber richtig ist?

*11.08.2013*

Manchmal muss man großzügig sein, um Großes zu vollbringen.

*25.03.2020*

Es gibt keine echte Freundschaft zum Nachteil Dritter.

*06.04.2020*

Das Wesen des Menschen ist verwandt mit seiner Verworfenheit.

*18.08.2013*

Wenn wir nicht Maß halten, werden wir am Ende gar nichts haben.

*09.08.2013*

Es ist nicht entscheidend, welcher Platz da ist, sondern welchen man sich verschafft.

*21.09.2013*

Manche sind insoweit die „Krone“, dass sie nicht nur zu spät kommen, sondern auch noch unnütz sind.

*21.09.2013*

Nur wer die Mühe scheut, kalkuliert die Niederlage ein.

*19.08.2014*

Mit einer exzellenten Vorbereitung ist der Sieg im Voraus gesichert.

*19.08.2012*

Der Herr gibt es den Seinen im Schlaf – in vielen Fällen versagt er es ihnen aber auch ganztags.

*02.09.2013*

Bei ganz aussichtslosen Fällen kapituliert selbst die Natur.

*02.09.2013*

Nicht der Intellekt, sondern nur der Mut verändert die Welt.

*25.08.2015*

Was ist der große Erfolg des Augenblicks gegen einen kleinen von Dauer?

*25.08.2015*

Die Hauptsache ist: Du bist ein guter Mensch.

*12.08.2013*

Die Zeit ist das Einzige, das wir nicht vervielfältigen können.

*12.08.2013*

Für manche Menschen ist ihr Wesen das eigene Haupthindernis.

*23.08.2013*

Gehe mit anderen stets besser um als mit dir selbst.

*23.08.2013*

Nicht jede gute Tat rechtfertigt jedes Verhalten.

*23.08.2013*

Demokratie ist keine spezielle Form der Macht, sondern Auftrag.

*16.08.2013*

Weiterleiten von E-Mails (ohne substanzielle Beiträge) ist keine Arbeit, sondern Zeitraub.

*16.08.2013*

Das Haupthindernis, einen Auftrag an Dritte nicht zu erteilen, ist der Umstand, dann selbst arbeiten und Verantwortung tragen zu müssen.

*19.08.2013*

Zu jedem Verstehen gehört nicht nur das erforderliche Wissen, sondern auch der Wille dazu.

*17.08.2013*

Wie wir das ertragen, wissen wir nicht, aber dass wir es ertragen, wissen wir.

*12.08.2013*

Es lässt sich keine Materie höher konzentrieren als die der Dummheit.

*05.06.2013*

Du kommst nie zum Sieg, wenn du nicht angreifst. Wenn du aber angreifst, musst du die Niederlage einschließen.

*ohne Datum*

Berühmt und anerkannt wirst du nicht, wenn deine Leistungen im Verborgenen ruhen.

*29.07.2013*

Das Leben ist nicht allein eine Anwesenheit auf dieser Welt, sondern eine Aufgabe.

*01.08.2013*

Auch die Gemütlichkeit hat Grenzen.

*16.04.2014*

Wir sollten uns nicht über Dinge wundern, die wir von Anfang an wussten.

*29.05.2015*

Du kannst mit deinen Gesprächspartnern eigenes Theater spielen.

*13.03.2014*

Sie können von uns jede Art der Projektsteuerung erhalten – auch die, welche Sie verdienen.

*24.02.2014*

Es gibt bedauerliche, aber keine dummen Fehler, aber dumme Ausreden allemal.

*06.03.2014*

Wenn die Sonne scheint, werden auch die erwärmt, die es nicht verdient haben.

*19.02.2014*

Dummheit ist die schlimmste Krankheit.

*19.12.2013*

An manchen Abenden wartest du nicht auf den Morgen.

*20.12.2013*

Lieber zu spät kommen, als unnütz sein.

*05.09.2013*

Es ist leichter, einer Sache treu zu bleiben als einem Menschen.

*18.12.2013*

Sehnsucht macht erfinderisch.

*18.12.2013*

Du kannst viel mehr, als du glaubst – wenn du nur willst.

*18.12.2013*

Unendlich sind nur zwei Seelen – zwei Herzen sind es nicht.

*18.12.2013*

Du musst manchmal eine Sache aufgeben, um zum Erfolg zu kommen.

*13.12.2013*

Für manche ist man eigentlich nur den Nachlass wert.

*02.12.2013*

Ein schmerzhafter Frieden ist besser als ein froher Tod.

*20.03.2024*

Du kannst mit einer Sache nicht anfangen, mit der du nicht aufgehört hast.

*20.11.2013*

Aus dem Brunnen der Lust strömt kein Wasser.

*22.02.2014*

So richtig und nachvollziehbar verständlich ist die Menschheit nicht.

*28.11.2013*

Es gibt für manche nichts Besseres als das begründete Fernbleiben von der Arbeit.

*28.11.2013*

Jammere nicht, wenn es keinen Anlass gibt, und jammere auch nicht, wenn es einen solchen gibt.

*11.11.2013*

Der Einfältige ist eine Herausforderung zur Großzügigkeit und übrigens nicht nur er.

*15.11.2013*

Kirche ist ein Geschäft mit der Hoffnung.

*07.11.2013*

Der Erfolglose hat regelmäßig keine gute Reputation.

*10.11.2013*

Was zählen schon Anstand und Qualität, wenn nur der Gewinn stimmt.

*10.11.2013*

Unser ganzes Leben ist eine Abweichung von der Norm.

*31.07.2013*

Die Niveaulosigkeit und die Einfalt haben die höchsten Zuwachsraten.

*02.09.2013*

Es gibt Ideenträger und Zeitverfolger unter den Menschen!

*17.05.2016*

Glück ist ein besonderer Augenblick.

*27.07.2015*

Glück muss man nicht nur haben, sondern vor allem auch festhalten.

*27.08.2015*

Genieße auch das Glück des Augenblicks.

*27.08.2015*

Glück ist gar nicht so zufällig, wie der Mensch glaubt.

*27.07.2015*

Die Wirklichkeit ist die gefährlichere Schwester der Träumerin – aber von ihr bleibt mindestens die Erinnerung.

*02.06.2015*

Es kommt nicht darauf an, wer sie sind, sondern was sie sind.

*04.08.2015*

Ein einziges Wort kann alles anhalten, alles umkehren und alles verändern.

*04.08.2015*

Ich hasse den Misserfolg.

*27.07.2015*

Ein wohlhabender Mensch, der anständig ist, hat neben Geld auch noch Ideale.

*29.04.2016*

Ein Höchstmaß an Faulheit kann auch zur Feindseligkeit führen.

*08.07.2013*

Es gibt Frauen mit so großem Herz, dass sie für ihre unerfüllte Liebe ihr ganzes Leben opfern.

*18.02.2015*

Boden gutmachen ist nicht gleichbedeutend mit ihn auch beackern zu können.

*12.03.2015*

Die Hoffnung lass ich mir nicht nehmen.

*12.03.2015*

Der Mensch hat auf Vergünstigungen keinen Anspruch.

*25.11.2015*

Trauer ist immer ein Verlust.

08.12.2015

Es gibt Ereignisse im Leben, die lassen Altgewohntes oder längst Vergangenes völlig neu bewerten.

*11.01.2016*

Jede schöne Frau verliert sich durch langes Liegenlassen.

*13.06.2013*

Man sollte im Leben nicht nur immer das machen, was das Leichteste ist.

*26.06.2013*

Beschneiden oder Wachsen von Flügeln ist nicht von Bedeutung, wenn der Betreffende sowieso nicht fliegen kann.

*29.04.2016*

Wenn es der Herr nur den Seinen gegeben hat, dann waren das nicht viele.

*29.04.2016*

Es gibt im Leben immer Situationen, die ein jeder von uns besser vermieden hätte, die unvermeidlichen und vielleicht auch schmerzhaften sind oft die Wurzel für einen Baum im Leben, der als Früchte neue Ufer, andere Freuden und großes Glück trägt.

*12.12.2014*

Rechthaben ist nicht von der Stellung und der Autorität der Person abhängig.

*29.04.2016*

Nichtwissen kann auch ganz schön anstrengend sein.

*01.04.2015*

Eine Autorität wird man nicht durch andauernde Demut.

*16.03.2015*

Der eine lebt von den Fehlern der anderen.

*24.04.2018*

Warum sind wir eigentlich so, wie wir sind? Weil es gut und ein großes Wunder ist, wie wir sind.

*21.12.2015*

Es gibt kein schlimmeres Übel als das der üblen Nachrede.

*16.08.2013*

Arbeit hört nicht auf – insoweit machen wir uns darüber keine Gedanken.

*14.08.2014*

Eine freundliche Einladung sollte man nicht mit einer freundlichen Ablehnung quittieren.

*04.09.2014*

Das Einzige, von dem man nicht genug reich werden kann, ist die Erfahrung.

*13.08.2015*

Für unser Glück tragen wir allein die Last des Ungewissen und der Verantwortung.

*12.02.2018*

Die Welt muss nicht mit uns zurechtkommen, aber wir mit ihr – und trotzdem haben wir unsere eigene Welt, hier sind wir der Baumeister und tragen die ganze Verantwortung.

*12.02.2018*

Jede Zeit und jede Sache haben ihre Herausforderungen – nutzen wir die uns gegebenen Fähigkeiten, sie zu meistern und andere auf diesem Weg mitzunehmen!

*06.08.2018*

Für eine gute Entscheidung ist es nie zu spät.

*20.12.2018*

Gegen die kollektive Lüge ist die einzelne Wahrheit ohnmächtig.

*04/2019*

Wer alles im Leben nur umsonst haben will, bleibt ein armer Mensch.

*07.10.2017*

Du darfst dich nicht mit dem Erreichten, sondern nur mit dem Erreichbaren zufriedengeben.

*16.08.2017*

Die Schlimmsten sind die, deren Meinung davon bestimmt wird, auf welcher Seite sie gerade stehen.

*29.05.2017*

Wir müssen mit dem Leben fertig werden, nicht mit unseren Vorstellungen dazu.

*13.07.2017*

Der Erfolg ist das Produkt des Zufalls, der Sieg der des Kampfes.

*05.05.2017*

Wir leben von unseren Erfolgen, nicht von unseren Siegen.

*02.05.2016*

Jeder, der sprechen kann, hat etwas zu sagen.

*12.05.2017*

Du kommst dir nicht blöd vor – wenn du blöd bist.

*17.04.2017*

Das Leben an sich ist das größte Risiko für den Einzelnen und für die ganze Menschheit.

*12.09.2014*

Ein Betrug kann durchaus positive Seiten haben, auch für den vermeintlich Betrogenen.

*13.02.2015*

Auch eine große Anzahl kleinerer Geister kann Großes vollbringen.

*06.06.2014*

Mit dem Tod eines lieben Menschen gehen zwar die Erinnerungen nicht unter, aber die Unvermeidlichkeit wird bewusster.

*29.11.2015*

Der Einfalt des Menschen sind keine Grenzen gesetzt.

*11.08.2013*

In der Absicht und in dem Vollzug einer guten Tat offenbaren wir ein Stück von uns selbst.

*05.08.2013*

Die Natur hat die meisten von uns mit allen Gaben ausgestattet, die wenigsten wissen darüber und nutzen diese.

*28.12.2014*

Rechtsvorschriften exakt zu kennen, ist die erste Voraussetzung, sie zu umgehen.

*08.09.2016*

In der Regel wäre alles einfacher, wenn die Regeln einfacher wären.

*03.11.2016*

Wahrheiten können zwar vernichtend, aber selten feindselig sein.

*01.07.2013*

Für einen guten Umsatz ist es nie zu spät.

*03.10.2016*

Es gibt nichts Schlimmeres als schöne Frauen, die alt geworden, aber immer dumm geblieben sind.

*05.07.2013*

Noch dehnbarer als ein Schlüpfergummi ist die Moral.

*02.09.2013*

Für wirklich ernsthafte Dinge des Lebens gibt es keine Haken.

*19.02.2014*

Einige Entscheidungen im Leben bereust du ein ganzes Leben lang.

*19.02.2014*

Das Schlimmste aber ist, sich über eine Sache gar keine Gedanken zu machen.

*19.02.2014*

Die Freiheit, die Wahrheit sagen zu können, ist ein erhebender Zustand.

*19.01.2014*

Bei manchen wird die Moral erst mit Eintritt in das Rentenalter sichtbar.

*20.02.2014*

Bedenke immer die Macht des Wortes – es kann Glücksgefühle entstehen lassen und Herzen brechen!

*19.02.2014*

Wenn du dir die Zeit nimmst, über dich nachzudenken, hättest du gern manches anders und vieles besser gemacht.

*19.02.2014*

Der Mensch sieht zuerst auf den Boden, wo er hinläuft – dann nach oben, wo er hinkommt.

*09.09.2013*

Nicht Geschichte beschreiben, sondern die Zukunft gestalten!

*04/2009*

Es sollte weniger darauf ankommen, wer du bist, sondern was du kannst.

*19.07.2013*

Die Stellung kommt nicht aus der Stellung, sondern aus der Haltung.

*19.07.2013*

Am wirksamsten und am schlimmsten sind die überzeugenden Argumente.

*10.06.2013*

Nicht alles, was du denkst und möchtest, kannst du vollenden.

*30.05.2013*

Wir haben verschiedene vermeintlich normale Eigenschaften, die für andere etwas Besonderes sind.

*12.07.2013*

Auf dem Weg zum Tode sollst du den Pfad der Bescheidenheit nicht verlassen!

*20.10.2016*

Wenn du versuchst, aus den anderen ein Ebenbild von dir zu machen, bist du auf dem falschen Weg.

*25.09.2016*

Es gibt im Leben der Menschen wunderbare Ereignisse, das einzige wirkliche Wunder jedoch ist die Geburt eines Kindes.

*25.03.2024*

Unsere Gesellschaft ist die Summe der Unfähigkeit der Einzelnen.

*19.07.2013*

Eigentlich bereitet man sich im ganzen Leben nur auf die Unzulänglichkeiten von Personen und Sachen vor.

*29.07.2013*

Wir müssen unser Leben nicht danach ausrichten, Dank zu erheischen, sondern Gottes Werk umzusetzen und immer Frieden zu finden.

*03.01.2017*

Auch die klügste und schönste Frau ist der dummen und hässlichen ähnlich.

*19.07.2013*

Klug zu sein, ist deine Pflicht, nicht Ausdruck deiner Überheblichkeit!

*19.07.2013*

Es geht nicht darum, wieviel Feinde du hast, sondern wer deine Feinde sind.

*17.07.2013*

Nach vorne sehen können wir nur, wenn hinten aufgeräumt ist.

*06.07.2013*

Akquisition durch Führung !

*05.07.2013*

Die Welt ist insgesamt unzuverlässiger geworden.

*26.10.2012*

Wenn man sich nur um sich selbst kümmert, kümmert man sich zu wenig.

*22.03.2013*

Wir müssen uns auch an den Ungerechtigkeiten aufrichten, nicht nur an den Gerechtigkeiten.

*03.04.2013*

Werbung brauchen wir nicht, Bestätigung ist ausreichend.

*01.04.2013*

Es ist besser, gut über jemanden zu denken, als schlecht über ihn zu reden.

*05.04.2024*

Je weniger Feinde Du hast, selbst wenn es Einfaltspinsel sind, je besser sind deine Ziele erreichbar.

*15.12.2012*

Mir fehlt heute die Kraft, dir nicht zu glauben.

*01.04.2013*

Denke immer ans Ende, wenn du anfängst.

*02.02.2013*

Erfolg ist immer ein Stück Individualität des Einzelnen, aber immer auch der Mut zum Beginn und der Gedanke an das Ergebnis.

*ohne Datum*

Wenn wir unsere Glaubwürdigkeit einmal verlieren – haben wir für immer verloren.

*ohne Datum*

Der Herr ist auf der Seite des Tüchtigen.

*23.01.2012*

Am Anfang steht der Wille, nicht das Können.

*06.12.2012*

Es ist nichts mehr verbreitet als die Dummheit.

*22.02.2013*

Die größte Gefahr für den Menschen geht von seiner eigenen Gattung aus.

*ohne Datum*

Man sollte nicht nur die Wahrheit sagen, man muss sie sich zunächst auch merken.

*14.02.2013*

Auch das Richtige hilft nicht, wenn es zu spät kommt oder zu spät gesagt wird.

*10.01.2021*

Die E-Mail ist ein probates Mittel, von eigenen Unzulänglichkeiten abzulenken und Geschäftigkeit vorzugaukeln.

*21.12.2012*

Auch die Lautstärke ist ein Ausdruck der Qualität.

*24.11.2012*

Resigniere nie vor Dingen, die du ändern kannst!

*24.11.2012*

Dinge, die einem selbst nicht widerfahren können, kann man leicht verurteilen.

*2014*

Die Natur setzt deutliche Zeichen – der Mensch muss nur die Einsicht haben, diese zu erkennen.

*06.11.2012*

Wenn andere immer dicker werden – nehme ich im Verhältnis immer mehr ab.

*20.11.2012*

Man muss sich auch die Zeit gönnen, die guten Taten anderer entgegenzunehmen.

*20.11.2014*

Um eine Sache erfolgreich abzuwehren, ist es sinnvoll, zunächst zuzustimmen.

*16.11.2012*

Der Eine weiß nichts und sagt etwas – der Andere weiß etwas und sagt nichts.

*05.09.2012*

Es muss nicht alles sein, was sein kann.

*04.09.2012*

Die Aufmerksamkeit deines Gegners lässt unverzüglich nach, wenn du dich zunächst seiner Meinung annimmst.

*16.11.2012*

Wenn es wirklich gut werden soll, müssen wir es wohl selbst machen.

*16.11.2012*

In jedem Engel steckt ein kleiner Teufel – sonst würden sie nicht gebraucht.

*12.11.2012*

Alles, was du in guten Gedanken und in gutem Wissen machst, ist zu vertreten.

*ohne Datum*

Es ist unwichtig, wo du herkommst, es ist wichtig, wo du hingehst.

*ohne Datum*

Am gefährlichsten sind die Schwachen.

*04.06.2012*

Wenn das Maß nicht stimmt, kann das Ergebnis nicht richtig sein.

*12.07.2012*

Wenn sich niemand mehr etwas zumutet, ist die Welt verloren.

*26.10.2012*

Es ist besser, sein Unglück vorher zu kennen, als es nachher zu erleben.

*28.02.2013*

Eigentlich geht es uns so schlecht, weil wir von allem zu viel haben.

*05.03.2013*

Wir brauchen nicht nur das Glück der Zukunft, sondern auch das der Gegenwart und des Augenblicks.

*13.03.2013*

Die Ahnungslosen sind oft die Lautesten.

*04.02.2013*

Wenn du den Dingen auf den Grund gehst, findest du zu neuem Bodensatz.

*07.12.2012*

Wenn man wichtig ist, braucht man sich nicht wichtig machen.

*21.12.2012*

Der Erfolg setzt zunächst den Beginn voraus.

*03.01.2013*

Die Last sucht sich immer ihren Weg – und wenn es über einen Riss ist.

*ohne Datum*

Wir arbeiten auch ohne Auftrag gegen Bezahlung.

*04.06.2012*

Ein späterer Beginn rechtfertigt nicht unbedingt einen späteren Abschluss.

*21.02.2013*

Dummheit hat auch Vorteile – oft schützt sie vor zu viel Arbeit.

*08.02.2013*

Manche Menschen sind für eine Mücke interessanter als für seine Mitmenschen.

*2012*

Manchmal ist eine Erklärung hilfreich, auch wenn sie nicht hilft.

*08.02.2013*

Wenn du versuchst, aus dem anderen ein Ebenbild von dir zu machen, bist du auf dem falschen Weg.

*25.09.2012*

Manche Leute kommen mit ihrem eigenen Kopf nicht klar.

*21.02.2013*

Auch schwache Feinde bleiben Feinde.

*15.12.2012*

Auch Hilflosigkeit erscheint manchmal als Dummheit.

*08.02.2013*

Unsere Stärke liegt darin, dass wir unsinkbar sind.

*25.02.2013*

Es ist töricht, eine Anstrengung in einer wohlfeilen Aufgabe bereits vorwegzunehmen.

*2014*

Wenn wir unsere Glaubwürdigkeit eines Tages verlieren, ist die wertvollste Eigenschaft von uns verloren.

*ohne Datum*

Eine Stunde ist im Leben eines Menschen manchmal mehr als die Luft für einen Vogel zum Fliegen.

*1970*

Was nutzt alle Klugheit, wenn du sie nicht herauslässt?

*19.07.2013*

Anerkennung bleibt dir versagt, wenn du deine Fähigkeiten nicht offenbarst.

*19.07.2013*

Manchmal ist auch Beifall nötig, dass einer geht.

*16.11.2012*

Man kann im Alter Dinge verstehen, die man in der Jugend nicht akzeptieren würde.

*20.11.*

Alles fängt im Kopf an.

*03.04.2013*

Stress ist hilfreich und heilend, solange du bestimmst, ob es ein solcher ist.

*03.04.2013*

Die Natur in den Weibern ist deutlich klüger als ihr Verstand.

*09.04.2013*

Die Natur ist älter und wird länger sein als die Menschheit.

*11.04.2024*

Nichts sagen ist auch eine Antwort.

*06.09.2012*

Eine Quelle kann versiegen, solange der Mensch existiert, der Schwachsinn nicht.

*ohne Datum*

Bei uns zahlen Sie nicht das, was Sie erwarten, sondern das, was Sie erhalten.

*01.04.2013*

Jedes Ende bedarf eines Anfangs.

*ohne Datum*

Es ist ein Fehler, jemandem erst eine Freude zu machen, wenn du fertig bist.

*ohne Datum*

Jede wissenschaftliche Arbeit braucht neben der Spontanität des Einfalls die Disziplin von Ordnung und Systematik.

*25.12.2012*

Millionäre erkennt man nicht an ihrer Großzügigkeit.

*03.04.2013*

Der Ernst des Lebens kommt aus seiner Realität.

*13.06.2013*

Die DDR war von Anfang an und bis zum Ende ein Einfall.

*25.12.2012*

Spontanität ist wie ein Hund an der Leine, sie kann sich nur entfalten, wenn sie frei ist.

*25.12.2012*

Spontanität kann sich nur in der Freiheit von Gedanken und Möglichkeiten entwickeln.

*25.12.2012*

Wenn der Mensch isst, lindert das Maß dieses Grundbedürfnisses die Spontanität zu Größerem.

*25.12.2012*

Die Verminderung des Abstandes zueinander beginnt mit dem ersten eigenen Schritt.

*ohne Datum*

Unsere Qualitäten resultieren nicht daraus, wie wir andere beurteilen, sondern wie wir selbst sind.

*ohne Datum*

Mute einem anderen nicht zu, Dinge zu verstehen, die du dir selbst nicht erklären kannst.

*ohne Datum*

Wir müssen mit unseren Fehlern leben lernen, machen wir dieser zu viele, leben wir nicht mehr.

*ohne Datum*

Ein Abend des Nachdenkens hilft oft mehr, als jeden Morgen früh mit der Arbeit zu beginnen.

*ohne Datum*

Von den lauten Träumen wird man feucht, in den stummen ertrinkt man.

*1997*

Die Sexualität einer Frau besteht nicht darin, ihren Schoß zu öffnen, sondern sich zu ihren Sehnsüchten zu bekennen.

*1997*

Ein jeder von uns lebt mit seinen Entscheidungen und damit, was das Leben aus ihnen macht.

*09.12.1998*

Die Macht des einen ist die Ohnmacht des anderen. Die Klugheit dagegen kann der Bruder der Macht sein, ohne den Kain zu fordern.

*09.12.1998*

Viele Dinge, die nicht so sind, verstehen wir, uns mit Erfolg so zu erklären.

*1997*

Viele Dinge, die nicht so sind, glauben wir, uns so zu erklären, dass wir im Frieden mit unseren Fehlern leben können.

*1997*

Wer Freude erzeugen kann, bewegt die Dinge dieser Welt.

*10.02.1998*

Erfolg sollte nicht der Misserfolg des anderen sein.

*1997*

Ziele zu erreichen, heißt, Kompromisse eingehen zu können.

*1997*

Selbst eine Sammlung von furchtbaren Kompromissen kann wertvoller sein als das nicht erreichte Ziel.

*1997*

Es ist oft einfacher, eine Sache zu bekommen, als sie zu behalten.

*1997*

Der gute Wille, eines Anderen Zeichen zu deuten, ist anspruchsvoller als seinen Argumenten zu trotzen.

*1998*

Der Ernst des Lebens ist leichter zu händeln als seine Freuden, die wir suchen, von denen wir träumen und die uns oft so fern und so unbekannt sind.

*1997/1998*

Zu oft ist viel getan und nichts vollbracht.

*09.12.1998*

Überall, wo Arschlöcher sind, stinkt es nach Scheiße.

*11.11.1998*

Wer Erfolg braucht, muss Lethargie durch Begeisterung ersetzen.

*11.11.1998*

Der Mensch macht weniger als er kann und weniger als er weiß.

*ohne Datum*

Hin und wieder werden wir von der Natur recht unliebsam an unsere Unzulänglichkeiten erinnert.

*ohne Datum*

Man muss mit dem Ergebnis der eigenen Bestellung leben lernen.

*ohne Datum*

Die Erkenntnis des Hörenden ist glücklicherweise oft kleiner als das, was wir sagen wollten.

*ohne Datum*

Das Schlimmste an der Welt sind zweifelsfrei die Menschen.

*ohne Datum*

Die Welt ist nicht zu kompliziert, als dass ein Kluger sie erkennen könnte.

*ohne Datum*

Ein Stück Größe des einen ist auch immer etwas Nachsicht für den anderen.

*ohne Datum*

Mit einem Bild kann man oft leichter umgehen als mit einem Wort.

*22.05.1999*

Es ist nicht nur so, dass die meisten Menschen ohne die Macher gar nichts machen können, nein, sie machen auch nichts.

*08.11.1999*

Einsamkeit macht auch irgendwie armselig und ohnmächtig.

*08.11.*

Bauen kommt der Natur am nächsten.

*22.11.2000*

Das, was wirklich zählt, hat keine Ziffern – das, was wirklich hält, ist nicht zu berechnen, das, worauf man bauen kann, ist nicht der Fels.

*26.05.2002*

Einen Menschen begegnet man am natürlichsten mit der Akzeptanz seiner Eigenarten, nicht mit dem Versuch, ihm die eigenen anzugewöhnen.

*1996*

Dinge von Gewicht sind jedes Versuches und jeder Anstrengung wert.

*ohne Datum*

Wertvolle Gemeinsamkeiten unter Gleichgesinnten entstehen immer unter der Bereitschaft zur Selbstaufgabe eigener und der Annahme fremder Ansichten.

*ohne Datum*

Auf Dauer interessant und bleibend sind nur Dinge und Beziehungen, die einem Anstrengungen und Anspruch abverlangen.

*ohne Datum*

Als es uns gut ging, waren wir es selbst. Als es schlechter wurde, erfanden wir andere.

*ohne Datum*

Je später der Abend, desto angenehmer die Sonne.

*1980*

Gleich nach der Unmoral zu töten, kommt die andere, für die Befriedigung eigener Privilegien arbeiten zu lassen.

*1988*

Für 100 Köpfe gibt es 99 Fäden, Spiegel zur Selbsterkenntnis sind jedoch noch ausreichend vorhanden.

*1980*

Dort, wo Kritik nicht geduldet ist, sollte man sich über das Schneckentempo des Fortschritts nicht wundern.

*ohne Datum*

Ein gutes Stück der Leistung des Mannes liegt im Glück seiner Frau.

*ohne Datum*

Jeder trägt in sich selbst das größte Übel.

*23.04.2010*

Eine Arbeit ist erst getan, wenn sie fertig ist.

*22.04.2010*

Das Leben hält mit deinen Mitmenschen genügend Strafen für dich bereit.

*25.03.2011*

Du stehst dann richtig aufrecht, wenn du dich bückst, um einem Bedürftigen zu helfen.

*23.04.2024*

Auch wenn sich für jede Situation Gründe finden, ist das kein Grund, sich damit abzufinden.

*18.09.2024*

Deine Uhrzeit kennst Du, Deine Zeit ist Dir unbekannt.

*06.10.2024*

Alles auf der Erde bewegt sich – deshalb bewege auch Dich und halte nicht lange ein.

*06.10.2024*

In der jetzigen Zeit der Kommunikation setzen sich nützliche Dinge von allein durch!

*07.10.2024*

Auch in Situationen ohne erkennbaren Ausweg solltest Du immer auf Deinen Kopf und auf Dein Herz hören.

*13.10.2024*

Die schwersten Steigungen führen zu erhabenen Höhen.

*13.10.2024*

Manchmal ist der sicherste Ausweg einfach zu warten.

*13.10.2024*

Genieße jeden glücklichen Moment – auf diese Weise kommt er am schnellsten wieder.

*13.10.2024*

Es ist fast nicht zu glauben – aber es gibt sie, die Liebe auf den ersten Blick, auf das erste Wort und den ersten Moment.

*13.10.2024*

Auch die leichtesten Arbeiten müssen gemacht werden – auch sie sind unverzichtbar für den Erfolg.

*23.10.2024*

Der Mensch lebt nach der Uhrzeit – die Natur nach Licht und Dunkelheit.

*25.10.2024*

Aufgeben zählt nicht zu unseren Stärken.

*25.10.2024*

# Der Autor

Roland Winter ist in Leipzig im Jahr 1941 geboren.
Seine Ausbildung hat er als Diplom-Ingenieur und Diplom-Volkswirt abgeschlossen und viele Jahre in verantwortlicher Position gearbeitet.
Seine Leidenschaft zur Arbeit im Allgemeinen und zum Bauen im Besonderen hat ihn auch bis heute nicht losgelassen.
Bei der Wahrnehmung dieser Aufgaben nutzt der Autor die Gelegenheit gern zu einer lebendigen Gesprächsführung, wo seine Nachdenklichkeit, seine Geschichtskenntnisse und Wortgewandtheit oft zur Geltung kommen.
Zurzeit lebt der verheiratete Autor in Kleinmachnow.

# Der Verlag

VINDOBONA
VERLAG SEIT 1946

*ein Verlag mit Geschichte*

Bereits seit 1946 steht der Vindobona Verlag im Dienst seiner Bücher und Autoren. Ursprünglich im Bereich periodisch erscheinender Journale tätig, präsentiert sich der Verlag heute als kompetenter Partner für Neuautoren am deutschen, österreichischen und schweizerischen Buchmarkt. Engagement, Verlässlichkeit und Sachverstand – das sind die Grundpfeiler, auf denen der Verlag seit jeher sicher steht.

Sie möchten mit Ihrem Werk das vielseitige Verlagsprogramm bereichern? Der Vindobona Verlag garantiert Ihnen eine professionelle Prüfung Ihres Manuskriptes durch das Lektorat sowie eine zeitnahe Rückmeldung.

Genauere Informationen zum Verlag
finden Sie im Internet unter:

www.vindobonaverlag.com